Les Histoires du Père Castor

Qu'elles soient nées dans l'esprit fécond d'un auteur ou venues du fond des âges et de pays lointains, les histoires transmettent une culture, une tradition, elles parlent de nous. Comprendre, accepter les autres, mieux se connaître, se laisser porter par la magie des mots et des images : c'est tout cela que les Histoires du Père Castor offrent.

Depuis 1931, le Père Castor propose de merveilleuses histoires illustrées, et crée les classiques de la littérature pour enfants, d'hier et d'aujourd'hui. Nous perpétuons cette tradition avec les talents d'auteurs de mots et d'images pour le plaisir toujours renouvelé du partage de la lecture...

VITE,
VITE !

À Maman Syann,
Papa Pierre, Evan et Paul :
vive la vie de famille !
M.

Pour Arsène
qui sait me faire arrêter
devant les petits spectacles
du quotidien
lors de nos matins pressés.
I. M.

Dépôt légal : août 2022
ISBN : 9782080276438
Imprimé en République Tchèque par PB Tisk – juin 2022
Éditions Flammarion (n° L.01EJDN002138.N001) – 87 quai Panhard-et-Levassor, 75647 Paris Cedex 13
Loi n° 49-956 du 16 juillet 1949 sur les publications destinées à la jeunesse

VITE, VITE !

Une histoire de Magdalena
Illustrée par Isabelle Maroger

PÈRE CASTOR

– Vite vite,
debout !

– Attends Maman,
je cherche mon doudou.

– Vite vite,
bois ton chocolat !

– Attends Maman,
il est trop chaud.

– Vite vite,
débarbouille-toi !

– Attends Maman,
l’eau est trop froide.

– Vite vite,
habille-toi !

– Attends Maman,
pas ce pull, il gratte.

– Vite vite,
mets tes chaussures !

– Attends Maman,
j'ai perdu une chaussette.

– Vite vite,
prends ton sac, c'est l'heure !

– Attends Maman,
il est trop haut.

– Vite vite,
on y va !

– Attends Maman,
je dis au revoir au chat.

– Vite vite,
ne traîne pas !

– Tiens Maman,
j'ai ramassé cette feuille pour toi.

– Vite vite,
on traverse !

– ATTENTION, MAMAN !!!!

– Oh mon chéri,
merci !

– Pardon, tu as eu peur.

– Viens !

– On va s’asseoir
sur ce banc.

– Maman,
pourquoi
les gens courent ?

– Ils courent pour ne pas être en retard. Mais prenons notre temps,
je ne suis pas si pressée finalement !

Vous avez aimé cette histoire ?
Découvrez également...

Dans la même collection

n° 1 | Roule Galette

n° 6 | Marlaguette

n° 18 | La Famille Rataton

n° 26 | Le Gros Navet

n° 39 | La Petite Poule rouge

n° 42 | À pas de loup

n° 51 | La Sieste de Moussa

n° 53 | Un poussin, un caneton

n° 56 | Trois Petits Chats

▾ Dans la même collection ▾

n° 72 | Va-t'en, gros loup méchant !

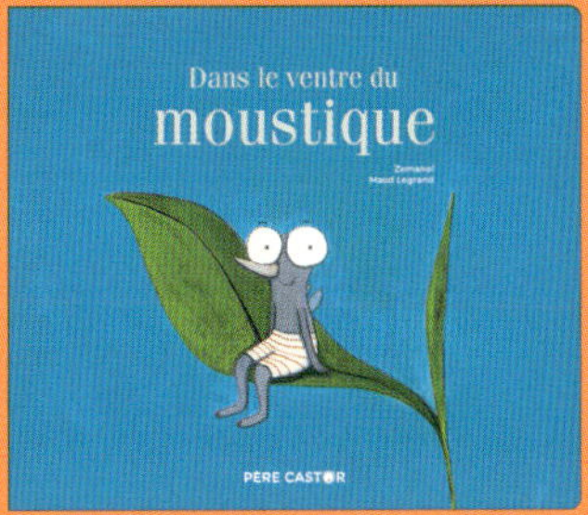

n° 85 | Dans le ventre du moustique

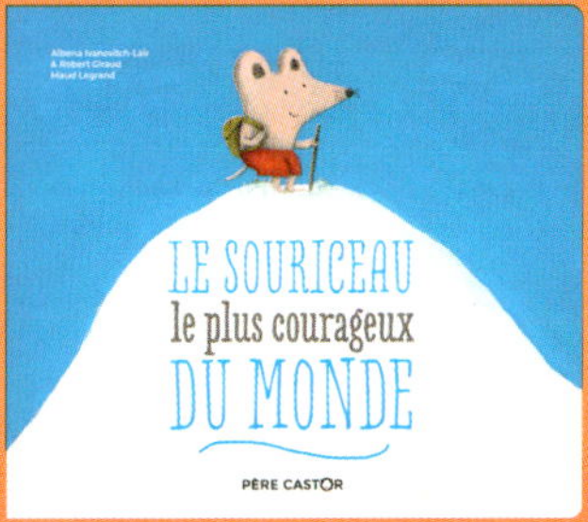

n° 87 | Le Souriceau le plus courageux du monde

n° 95 | Les Piquants de Goz

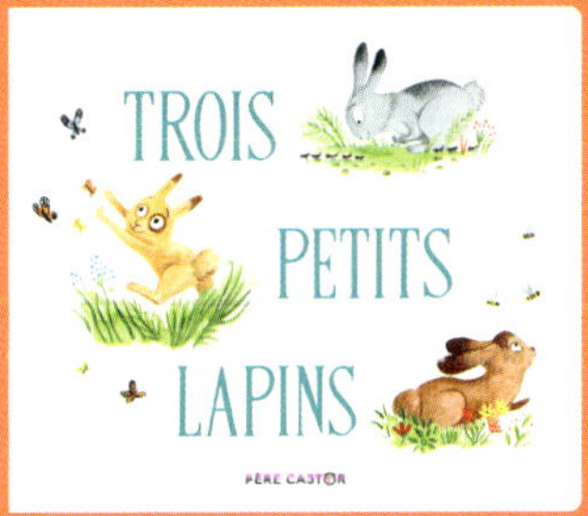

n° 161 | Trois Petits Lapins

n° 178 | Poule coquette

n° 193 | Sango et la rivière

n° 197 | Mina et Waraba

n° 204 | Oh, mon beau château !